LLUÍS FARRÉ

Un parell de bogeries

Il·lustradors: Lluís Farré i Stefanie Pfeil

Coordinació editorial:
Guadalupe Ortiz de Landàzuri i Busca

D'aquest llibre, n'hi ha una fitxa d'ANIMACIÓ A LA LECTURA amb propostes motivadores i uns jocs d'associació

Il·lustradors: Lluís Farré i Stefanie Pfeil

Casp, 79 - 08013 Barcelona
Tel. 93 232 37 13
Fax 93 265 68 95
http://www.editorialcasals.com

Coberta: Bassa i Trias amb un dibuix de L. Farré i S. Pfeil
Primera edició: novembre de 1998
ISBN: 84-218-2016-8
Dipòsit legal: B-43.328-1998
Printed in Spain
Imprès a Índice, S.L., Casp 118-120
08013 Barcelona

Aquesta vegada sí: a la mare,
el Pere, el pare, la Steffi, la Núria,
el Casimir, el Pau, l'Aina i la
Rosa, la Sílvia i l'Albert, la Isabel
i el Pep, la Neus, l'Anna, el Lluís
Albert, el Xavi i la Míriam,
la Laura, la Carmen i la Carme,
la Marta, els oncles, les tietes, els
cosins i les cosines i els meus
difunts geranis.
Però sobretot, a tu.

Somiar truites

Il·lustradora: Stefanie Pfeil

La Carmeta Capdepardals era una somiatruites. És clar, amb aquest cognom quina altra cosa podia ser, direu. Però no, la Carmeta Capdepardals no n'era pas, de cap de pardals. De fet, a la Carmeta els pardals li feien més aviat una certa angúnia, tan menuts i bellugadissos, fent saltironets amunt i avall... I tampoc no feia volar coloms tot el dia. Fins i tot n'hi feien encara més, de fàstic, els coloms, amb les seves maneres desgavellades, volant sempre arran del cap de la gent i, sobretot, aquella dèria seva de moure el cap endavant i endarrere com si tinguessin una molla fluixa. I tampoc no s'estava amb el cap a tres quarts de quinze, ni a dos quarts de deu, ni a les dotze en punt. I el cap no l'hi trobarieu mai dalt dels núvols. Per contra del que pogués semblar de bones a primeres amb aquest nom, la Carmeta sempre tocava molt de peus a terra.

La Carmeta Capdepardals, simplement, era somiatruites: d'un ou, de dos a la francesa, de patates i ceba, de carbassons. Cada nit del món ella somiava una truita o altra.

Bé, i què? Hi ha gent que somia coses encara més estranyes i no pas per això se'n fa un conte, em direu ara.

És cert, però la gràcia d'aquesta història és que la Carmeta Capdepardals no només les somiava, les truites; les cuinava, les posava en un bonic plat de porcellana de Vilanova i la Geltrú, agafava forquilla i ganivet i se les menjava. I s'engreixava!

De primer els seus pares no entenien com podia ser que la seva filla, que no tenia mai gana, que menjava com un pardalet, tot i el fàstic que li feien, i que el màxim que rosegava eren les ungles, s'engreixés dia rere dia. I mentre dormia, al damunt!

En llevar-se, li treien el pijama de maduixetes i les sabatilles en forma de cocodril i la feien enfilar a la bàscula del lavabo.

—Àngela Maria, aquesta nena pesa tres-cents cinquanta grams i mig més que ahir! Déu meu, Caterina, que la nena camina adormida i s'atipa de nits!

Però no, a la nevera no hi faltava pas res. Els quatre macarrons que havien sobrat del sopar encara eren al plat, morts de fàstic, i a les pomes, les peres i els plàtans no els faltava ni mitja llavor.

—Vaja, vaja. Conrad, això és ben estrany. Carmeta, filla, tu què hi dius?

—No ho sé... potser ha estat la truita d'alls tendres...

—Una truita d'alls tendres?! La Carmeta s'ha menjat una truita d'alls tendres!

—O potser la de salsitxes... o la d'albergínies amb carn picada i xampinyons. O potser la de gambes amb ceba tallada ben fina...

—Però nena, què dius? Que t'has begut l'enteniment? Si a casa no en fem mai, de truites! Ai, Caterina, que la nena veu visions!

—Això no és pas veritat! Jo no veig visions! Jo me les menjo!

Als Capdepardals els va faltar temps per dur la Carmeta al metge del poble, en Cucufat Cabeçadalls.

Com que la Carmeta seguia explicant la mateixa història, va decidir fer allò que fan alguns metges, que adormen la gent per veure quin mal tenen –hipnotitzar-la, això!–, a veure si així en treia l'entrellat.

—Ara, Carmeta, comptaré fins a tres i cauràs en un son ben profund, d'acord?

—Està bé.

—Un, dos...

La Carmeta ja roncava. I davant els ulls meravellats d'en Cucufat Cabeçadalls la Carmeta va començar a menjar.

O almenys això semblava per com feia anar la boca, si no fos que la tenia completament buida.

I es va començar a engreixar. La panxa se li inflava, la pell se li anava tibant i les galtes li brillaven. I no només això.

La pell semblava que agafava un cert color grogós i la cara se li allargava prenent la forma d'un, d'un... no es veia encara gaire bé, però semblava ben bé que d'un... d'un ou!

A en Cucufat li va caure tot als peus: el bolígraf, la llibreta de prendre notes, les ulleres i l'ànima.

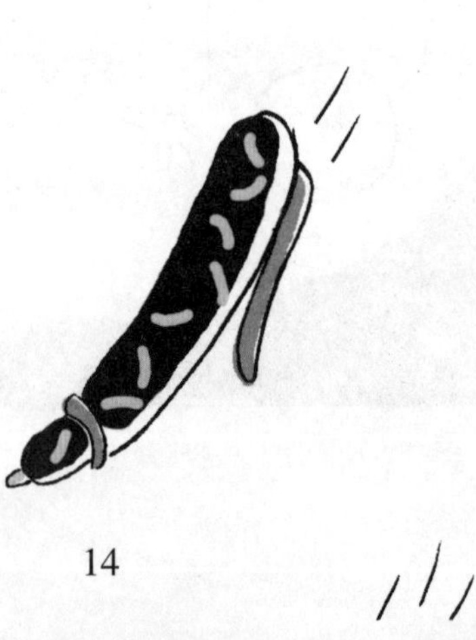

El món, que és una cosa que de vegades també els cau a les persones quan tenen un ensurt dels grossos, no li va caure perquè el duia ben agafat a la solapa de la bata amb una agulla imperdible.

Mai no havia vist res de semblant. Es tenien notícies d'un nen de Califòrnia que cada nit, sens falta, somiava ous ferrats amb cansalada, però la Carmeta, no només somiava truites, sinó que, al damunt, se les menjava!

—La seva filla és una meravella de la natura! Això serà una notícia bomba en el món de la ciència. Ja em veig sortint a les revistes més importants, donant conferències, firmant autògrafs...

—Miri, senyor Cabeçadalls. Em sap greu aixafar-li la guitarra però, meravella o no, això no pot anar de cap de les maneres. La nostra nena no és una atracció de fira. A més, si menja tants ous se'ns posarà malalta! Hem de trobar una solució immediatament!

Però en Cucufat Cabeçadalls no s'havia trobat mai davant d'un cas amb tanta responsabilitat.

Així, doncs, va enviar un telegrama als seus col·legues de Berlín, de Hong Kong, de Rio de Janeiro i de Mataró:

El supersavi doctor Carxofen Cuiten de Berlín va arribar l'endemà al matí en l'avió de les dotze. Els altres van arribar amb els avions de la una, de les dues i el de l'hora de dinar.

A primera hora de la tarda començaven els intents per guarir la Carmeta.

—Fàstic! Hem d'aconseguir que els ous li acabin fent fàstic només de pensar-hi! –va bramar la doctora Carolinya Cruseira Carambas–. A veure, maca, què és el que et fa més mania del món? Les erugues peludes?

—No.

—Els cigrons amb espinacs bullits, potser?

—No.

—Un cargol bavejant per damunt del teu raspall de dents?

La Carmeta va esclafir a riure com una boja. Aquella dona tenia unes idees realment estrafolàries!

—I doncs, noia, que potser no hi ha res que et faci fàstic a tu?

—Doncs sí. Hi ha una cosa. De fet, dues: els pardals i els coloms. Només de pensar-hi se'm posen tots els pèls de punta! Fins i tot les pestanyes! Ecs!

A la doctora Cruseira se li va aixecar una cella i se li va dibuixar un somriure d'aquells ben maliciosos a la cara.

Van adormir la pobra Carmeta Capdepardals per connectar-la a un embolic de cables, tubs, pinces i ventoses de totes les mides i colors, i gràcies a una càmera supermegatopesofisticada filmaven i projectaven els seus somnis en una de les parets blanques del despatx d'en Cucufat Cabeçadalls.

Primer només es veien unes taques borroses, però de cop i volta... truita de bolets! Grossa com una ensaïmada de Mallorca, semblava que aquella truita es pogués agafar només allargant una mà. I la veritat és que tenia un aspecte deliciós.

Però just llavors, amb tota la mala idea del món i amb una maquineta d'aquelles tan menudes que es fan al Japó, col·locada a l'orella dreta de la Carmeta, flaix! van introduir enmig del somni la imatge d'un colom amb la seva cara de babau encantat.

De primer va semblar que la cosa rutllava. A la Carmeta se li van posar tots els pèls de punta, fins i tot les pestanyes.

I la truita de bolets va desaparèixer del somni.

Després va venir la truita de fuet i mongetes seques de Tortosa. I flaix! Un pardalet fent saltirons com un boig.

Aquella truita també va esborrar-se de cop.

I també la de bacallà d'Islàndia escalivat i la d'espàrrecs tendres de la riba dreta del Llobregat.

Cada cop que la Carmeta somiava una nova truita rebia l'ensurt de la visió d'un pardal o d'un colom, i la truita desapareixia.

Però l'èxit va ser breu. Al cap d'unes hores, quan semblava que les truites havien de desaparèixer per sempre més del cap de la Carmeta, de cop i volta... Truita de cuixes de pardal i ales de colomí!

Quin horror! Ara a la Carmeta ja no tan sols no li feien fàstic aquelles bestiotes sinó que, de tant veure-les en somnis, fins i tot se les menjava! L'equip de científics estava esgarrifat.

L'intent de la doctora Coi Comcou de Hong Kong tampoc no va acabar de rutllar del tot. No gens, vaja.

Mitjançant una tècnica xinesa de control dels somnis –hipnosi un altre cop, per entendre'ns– més vella que l'anar a peu però que mai no li havia fallat, va intentar convèncer la Carmeta perquè reduís el nombre d'ous en la seva dieta nocturna.

Va passar del pastís de truites per a famílies nombroses –una deliciosa truita de sèpies i calamars amb potes i tot, una de coliflor i mongeta tendra, una de faves amb botifarra negra i una quarta de sardines amb mongetetes mexicanes de les que salten, tot regat generosament amb una finíssima beixamel–, a la truita d'escarxofes de quatre ous, la de patates, ceba i julivert de tres, la francesa de dos, l'ou i mig remenat, l'ou ferrat, el mig ou dur...

—Ja està, ja ho tenim controlat!

Pobres innocents! Arribats a l'engruna d'ou passat per aigua, el somni de la Carmeta va fer un pet com un aglà!

De tant aguantar-se havia acumulat una necessitat truitera gegantina i de cop va aparèixer, davant l'horror de la plana de savis, una torre de truites de totes mides, sabors i colors que gairebé arribava al cel!

—I si provéssim de tenir-la sempre desperta?

Aquella "fabulosa" idea del doctor Corneli Comestem de Mataró no va fer més que empitjorar les coses. Després de dues setmanes procurant per tots els mitjans que no s'adormís –fins i tot van provar d'aguantar-li els ulls oberts amb esparadrap–, la Carmeta Capdepardals va caure rodona.

Terroritzats, van mirar de despertar-la de mil maneres diferents, però no hi va haver res a fer. Va dormir quatre dies i quatre nits.

El cinquè dia va obrir els ulls. S'havia menjat més de dues-centes vint-i-quatre truites i mitja i s'havia engreixat més de quinze quilos.

Però se la veia feliç i no semblava pas que patís cap símptoma d'empatx.

—Potser podríem provar de posar-li una faixa i...

—Ah no, això sí que no. Senyors meus, ja n'hi ha prou! –va fer la Caterina Capdepardals–.

La meva filla no serà un conillet d'índies en un laboratori. Si vol somiar truites, amanides o sopes de lletres, ella farà. Ja buscarem la manera de fer que no li facin mal tants ous. Potser se li acut de menjar-los de canari, que són més menuts...

I van passar els anys i la Carmeta va créixer sana, grassoneta i feliç.

Ningú que no sabés la seva història no hauria pensat res d'estrany, i ja ningú no parava atenció a la seva cara, definitivament ovalada, ni als canvis de color de la seva pell, que anava del groc "ou remenat" fins al groc "truita de croquetes de pernil salat", segons el menú de la nit abans.

I amb el temps va escriure una dotzena de llibres de receptes de cuina i va obrir un restaurant. “La truita dels teus somnis”, es deia.

I en poc temps va aconseguir sortir als diaris, la ràdio, la televisió i a les millors guies culinàries del món, perquè no hi havia truita, per fantàstica o estrafolària que fos, que no la servissin en aquell lloc, de 10.00 a 23.00 de dilluns a divendres, i de 12.00 a 24.13’5 els caps de setmana.

I la Carmeta Capdepardals va tenir mitja dotzena de fills: el Càndid, la Calixta, el Casimir, la Crescenciana, la Clotilde i el Constanç, però cap no semblava haver heretat les habilitats de la seva mare.

Tot i que al més petit, un bon dia, se li va començar a posar una cara així com de... com de... com de pit de pollastre farcit amb prunes i pinyons!

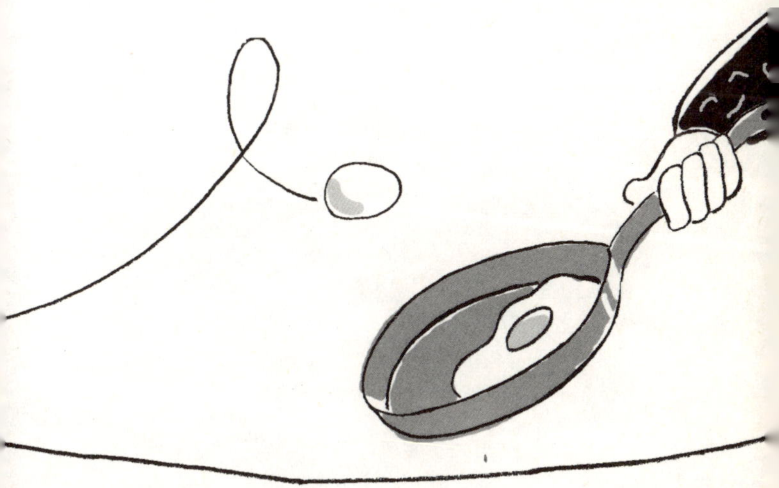

Ombra perduda busca feina

Il·lustrador: Lluís Farré

L'ombra d'en Jaumet es va perdre un diumenge al matí i en Jaumet ni tan sols se'n va adonar. Fent honor al seu nom, en Jaumet era un cul inquiet, de mal seient; un no parar, vaja. I una mica distret, també. Bé, una mica no, del tot.

Tota la família es feia un fart d'anar-li al darrere arreplegant tot el que ell perdia dia sí, dia també. La mare fins i tot li havia dit una vegada que algun dia es deixaria alguna cosa realment important per algun racó; el cap, per exemple. Ves què te'n sembla si n'havia de ser de despistat, en Jaumet! Però tot i que la mare d'en Jaumet –com totes les mares–, sempre tenia raó, aquell diumenge es va equivocar. En comptes del cap, en Jaumet va perdre l'ombra.

Els de casa havien anat a veure el circ que s'havia instal·lat als afores del poble. Era un circ petit, però hi havia bestiar de tot arreu: lleons del cor de l'Àfrica, micos i lloros del melic de l'Amazones, tigres i elefants del pulmó dret de l'Índia, pallassos de Noruega, trapezistes de Papua-Nova Guinea i un home bala de Lloret de Mar. I mentre esperaven que comencés la funció, en Jaumet, és clar, no parava quiet. Tan bon punt es plantava davant la gàbia dels tigres i n'intentava comptar les ratlles, com provava d'ensenyar a parlar un dels lloros, com s'embotia dins el canó de l'home bala. I en una d'aquestes anades i vingudes l'ombra, mentre provava d'establir conversa amb una de les parentes africanes, i sense ni saber com, es va distreure, va perdre el pas i... de cop i volta es va trobar tota sola i desenganxada enmig d'un mar de peus i potes i sabates de taló i botes de sola ampla.

—Ai, ai..., què ha passat? –es va dir.

De primer la pobra no reaccionava. Estava espantada. I no sabia com buscar aquell remolí amb cames, perquè aquell dia no s'havia fixat en quines vambes duia en Jaumet.

"Bé, tranquil·la, ja sortirà...", va pensar; i va seure en un banc tot esperant que aviat la trobessin a faltar. I va esperar. I esperar. I el circ es va anar buidant després de la darrera funció de la tarda, però en Jaumet no va aparèixer.

—És clar, amb el cap que té ni tan sols se n'haurà adonat. No, si ja m'ho havien dit que amb canalla com aquesta el que havia de fer era cosir-me als peus, com van fer amb l'ombra d'aquell marrec anglès que no creixia, en Peter Pan. És clar que en aquell cas era ella la que s'escapava... En fi, tant se val. I ara jo què faig, eh? Algú m'ho pot explicar?

Però la desesperació tampoc no li va durar gaire, la veritat. Ja se sap que les ombres són més aviat inconstants. Així doncs, va somicar una mica, va deixar caure una llagrimeta, es va estremir d'espatlles, va deixar anar un petit sospir, s'alçà i exclamà:

—Bé, prou de fer el ploricó. He de trobar una altra feina! –i va començar a caminar, tot espolsant-se una brosseta de pena que encara tenia a l'espatlla.

A la petita bassa del parc sempre hi nedaven quatre ànecs dels del coll verd i el vell cigne Robert, que en temps de joventut –després d'haver passat una infància difícil creient que era un ànec lleig– havia estat el guanyador del premi per a la bèstia més requetepreciosa de la contrada. L'ombra d'aquest personatge, a causa d'un evident defecte de fabricació, s'havia anat encongint a base de remullades fins al punt que tot just arribava a ser-ho de la pota esquerra. Davant de tan trista visió, la nostra ombra es va oferir amablement a substituir-la.

De primer, tot semblava anar força bé. El vell cigne s'havia anat tornant mandrós amb l'edat i gairebé no feia res més que jeure a la riba de la bassa, mentre esperava que arribés la iaia de les cinc de la tarda, la que els duia pa francès sucat en vi dolç de la Terra Alta. Una feina tranquil·la, vaja.

Però, ves qui ho havia de dir, un bon dia el nostre Robert es va enamorar. Un dissabte lluminós els encarregats del parc van dur a la bassa Miss Pritiflauers, una oca anglesa, perquè animés l'ambient, una mica ensopit –tothom sap que els ànecs coll verd tenen una conversa més aviat limitada–. I malgrat l'edat, de sobte tot eren demostracions d'habilitat aquàtica: que si ara un capbussó amb giravolt i barrina a la dreta, que si ara una petita cursa per anar a collir uns lliris per a la mestressa, que si ara unes acrobàcies amb una sola ala i la pota dreta flexionada... I és clar, tant de tràfec va posar fi a la pau de la nostra ombra. Tot i que, de fet, no era pas l'exercici el que la disgustava. Com a ombra d'en Jaumet se n'havia fet un tip, de fer animalades. El problema era l'aigua. L'aigua tenia un no sé què d'especial per a una ombra de secà com ella –en Jaumet detestava l'aigua i mai no s'havia posat en remull en cap lloc més fondo d'un pam i mig–.

La llum no hi acabava d'entrar mai del tot, i sentia una sensació estranya a la panxa, així com si es desfés mentre el cos tremolava com un flam de vainilla en una taula coixa. I al damunt, sempre de cap per avall! Després d'una estona de ser a l'aigua capgirada, la negror li pujava al cap, i l'estómac se li regirava com aquella vegada que havien anat amb la família d'en Jaumet a fer un tomb amb les "golondrines" de Barcelona.

L'ombra va plegar de la feina després d'una setmana i mitja de numerets aquàtics. Mai no va saber que dos dies després aquella oca anglesa va fugir amb un ànec trompeta de Tortosa que passava per allí i que el pobre cigne, ferit d'amor, es va ajeure a sospirar al costat del desmai que deixava penjar les seves branques damunt l'aigua, i que no se'n va moure més. La seva substituta va tenir una vida regalada.

En Godofrè, l'hàmster marró de la Roseta, tampoc no va acabar de rutllar. I això que era una bèstia ben terrestre. De dia només dormia fet una bola dins el mitjó que tenia a la gàbia. I l'ombra s'avorria, sobretot perquè a l'habitació de la Roseta només hi havia coses que no es bellugaven, i les seves ombres eren unes ensopides. Les dels llibres, sempre esclafades contra la paret, no badaven boca sinó per queixar-se de les estretors que passaven. La del gerro de vidre blau de Torredembarra era així com tota especial. Fina, molt delicada, quasi transparent, amb un to de pell que podia variar del blau-fons-marí fins al violat-de-cinc-minuts-abans-de-la-posta-del-sol, era tota una bellesa, i es deia que era de família noble.

Però era freda i tibada com el cristall del qual era l'ombra –és clar, quina altra cosa si no– i es passava tota l'estona contemplant-se i deixant anar ahs! i ohs! del gust de veure's tan bella. L'ombra que tenia més gràcia era la del gerani, que de tant en tant bellugava una branca per posar les fulles a lloc, ja veus tu quina gràcia. Però la pobra planta va patir una grip eruguera terrible. Les fulles, les tiges i fins i tot l'últim pètal van quedar coberts per unes erugues verdes, petites com un fideu dels de sopa fina però amb la gana d'un ramat d'elefants, i en quatre dies el gerani va quedar del tot pelat i la seva ombra va acabar reduïda a quatre branquetes recargolades i plenes de forats, sense esma ni per queixar-se. Pobra.

"Sí, sí, una mica avorrit tot plegat, però la feina semblava prou tranquil·la", em direu. "Què és el que va fer que l'ombra acabés plegant un altre cop?" I com ho sabeu que va plegar, eh? Ah, que ho he dit abans? Vaja, veig que sou lectors espavilats...

Doncs sí, l'ombra es va acabar acomiadant, però no pas per les companyies tan alegres i interessants que tenia sinó per l'horari nocturn. Tan bon punt el sol es ponia i la Roseta es ficava al llit, l'hàmster es despertava i au!, a córrer com un beneit dins la rodeta de metall de la gàbia. Era incansable. I no us podeu arribar a imaginar com n'era d'empipador el nyic, nyic, nyic estrident de la rodeta, hores i hores sense parar.

A la nostra ombra, després de cinc minuts de carrera, els nervis ja se li havien posat tots de punta i no es tranquil·litzava ni amb dues dotzenes d'infusions de til·la amb menta i marialluïsa. I al damunt, amb la llum que arribava des del carrer, quedava projectada justament damunt del llit de la Roseta convertida en una bestiassa enorme que podia semblar qualsevol cosa menys la bola peluda d'en Godofrè. Amb el soroll la Roseta es despertava, veia l'ombra a la paret i terroritzada cridava la mare:

—Mare! Mare! Hi ha un tiranosaure rex a l'habitació i em vol queixalar una cama!

I la mare vinga entrar i sortir i encendre i apagar el llum. I l'ombra vinga encongir-se i engreixar-se, encongir-se i engreixar-se.

—Au va, dona, que no veus que només és l'ombra d'en Godofrè a la paret?

—Que no, que és un monstre enorme, pelut i fastigós, i en Godofrè és molt petit i bufó!

—Monstre pelut i fastigós, jo? I bufó en Godofrè? Amb aquestes galtasses que semblen melons de tant com se les omple de pipes, el molt golafre! I a més, els tiranosaures rex no són pas peluts, espavilada! –exclamava l'ombra tota ofesa. Però és clar, ningú no li feia cas perquè tothom sap que les ombres parlen molt fluixet i és gairebé impossible de sentir-les.

—Doncs apa, m'enduc la gàbia a la cuina i ja veuràs com el tiranosaure rex no torna. Bona nit cuca –feia finalment la mare que era, també com totes les mares, un pou de paciència. Però al matí següent, la Roseta es tornava a endur en Godofrè a l'habitació dient que ja no tornaria a tenir por. Sí, sí, ja pots comptar...

—Mare! Mare! El tiranosaure rex ha tornat i ara se'm vol cruspir l'altra cama!

Apa, tornem-hi!

Després de la nit que feia vint-i-quatre amb la mateixa cantarella, l'ombra va fer les maletes i va marxar. I decidida a no tornar a treballar per cap bèstia –estava clar que eren totes una llauna–, es va enganxar a les soles de les sabates de la primera persona que se li va posar al davant i que, ves quina casualitat, no tenia ombra.

—De ben segur que és un altre despistat com en Jaumet, aquest! –es va dir.

El "despistat" en qüestió va resultar ser un artista –Vicenç Van no sé què més, es deia–, un d'aquests pintors que es passen la major part del dia tancats en una habitació petita i pudent, fent un posat així com d'ànima en pena i lamentant-se que ningú no els entén. I al capvespre, que és l'hora dels artistes incompresos, agafava la llibreta de pintar coses que ningú no entén i anava a pintar els tres últims raigs de sol des del turó que hi havia tot sortint del poble a mà dreta.

I mentrestant l'ombra, amb aquella llum tan baixa, s'aprimava i s'allargava com una molla. De vegades, ni tan sols no es veia els peus de tant lluny com eren. Tot plegat, una experiència força interessant. A més, el pintor, igual que en Godofrè, era una "bèstia" d'hàbits nocturns i tenia un munt d'amics de les mateixes característiques, i la nostra ombra va fer coneixences noves, extravagants, del tot llunàtiques, incompreses, és clar, però molt interessants. I fins i tot va arribar a tenir alguna petita conversa amb la Molt i Molt Honorable i Excel·lentíssima Presidenta de l'Associació d'Ombres, la senyora Nit, la més vella i grossa de totes, que ja repapiejava una mica i de seguida es perdia parlant de batalletes de joventut, de quan la gent encara s'espantava quan la veien tapant la lluna, tot jugant a eclipsis amb el sol.

Tot semblava indicar, doncs, que aquella feina seria per sempre més. Però vet aquí que un dia, tafanejant entre els quadres que s'apilaven pels racons de l'habitació petita i pudent mentre en Vicenç esperava la visita d'una senyora anomenada Inspiració, va fer un descobriment terrorífic, espantós i esgarrifós que li va gelar la sang, o el que sigui que tenen les ombres . Tinta xinesa? O tinta de calamar? O tinta de pop, potser? Bé, és igual. Això ara no ve al cas. El que sí que ve al cas és que en un dels quadres, enganxada amb cola al costat de tres pinzellades de color vermell, hi havia l'ombra que havia treballat abans per al pintor! "La nit cau, tot clavant-se un bon mastegot, després dels tres últims raigs de sol", es titulava l'obra.

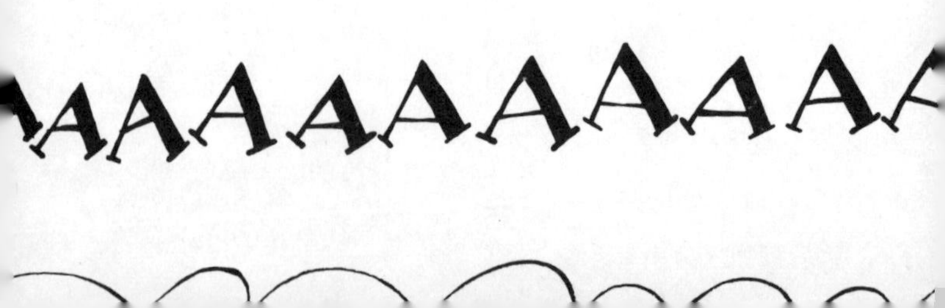

—Mare de Déu Senyor! Aquest animalot ha fet servir la seva pròpia ombra en un dels seus quadres que ningú no entén! El denunciaré per maltractaments! On anirem a parar! Ja no es pot treballar segura enlloc! –No cal dir que aquell mateix vespre, aprofitant l'embadocament d'en Vicenç davant un tercer raig de sol especialment artístic la nostra ombra, tot relliscant turó avall, va fugir cames ajudeu-me i no va parar fins que va petar de morros contra el que semblava una paret de fusta. Una mica estabornida, va alçar la vista i va poder veure que es tractava d'un petit escenari, com de titelles. I en una banda, un rètol que deia: "Teatre d'ombres xineses busca actriu. Cal tenir experiència. Informació darrere de l'escenari".

—Bé, i per què no? –es va dir–. Ja gairebé he fet de tot, segur que no és gaire difícil això d'actuar...

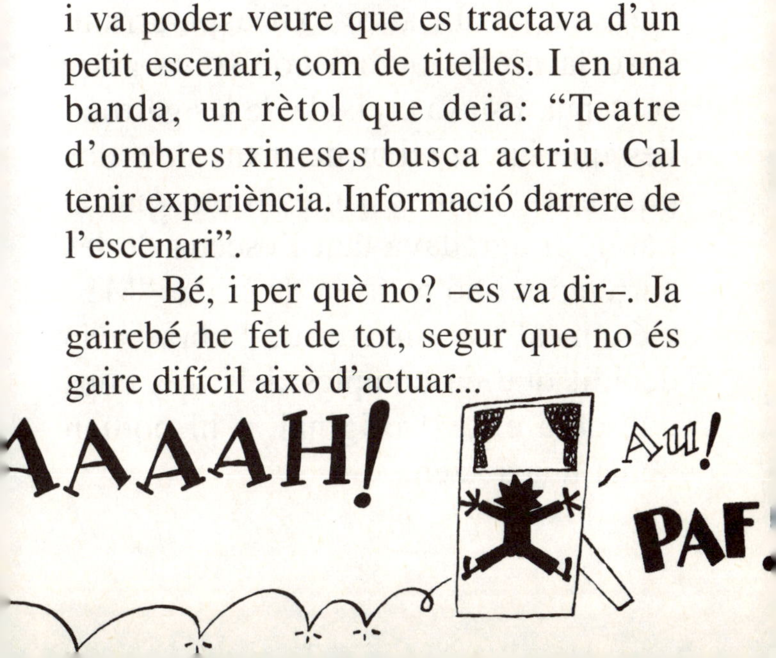

I no va ser massa difícil, és cert. Sobretot perquè va començar fent de col en una representació del "Patufet". La funció va ser un èxit i totes les companyes, que tot i ser de la Xina parlaven el català perfectament, la van felicitar per fer de col d'una manera tan convincent, sobretot tenint en compte que aquestes eren de ben segur les verdures més difícils d'imitar. I li van proposar de fer de dimoni a la pròxima funció: "Els Pastorets". I, és clar, va ser un altre èxit espatarrant. Però la nostra ombra no estava gaire contenta. Estava cruixida de les garrotades que havia rebut de mans dels dos pastorets. A més a més, com que al públic li agradava tant l'escena de les garrotades i no paraven de cridar "Més, més, més!", el director de l'obra havia decidit que en comptes dels tres cops que deia el text original, n'hi podien donar una dotzena.

Després de cinc representacions, la nostra ombra ja no podia ni aixecar-se del llit. O sigui que, tot i que li sabia molt de greu deixar de ser famosa i rebre milers de cartes d'admiradors secrets, en acabar la sisena funció es va acomiadar de la companyia.

—Xao-xi-ques! –va dir emocionada. Era l'única cosa que havia après a dir en xinès.

Tot sospirant va arribar al passeig de til·lers del poble, on els treballadors del Departament de Bancs i Cadires d'Ús Públic de l'Ajuntament estaven a punt d'instal·lar l'últim dels nous bancs de pedra. Ja tornava a tenir feina! I al damunt, reposada i tranquil·la. Però aquesta tranquil·litat no va durar gaire, és clar.

Aviat el nou banc es va convertir en el lloc de reunió del Club de Xafarders i Xafarderes del Poble, presidit per la perruquera, la Magdalena Rinxolsdor.

—Ostres, què us en sembla que ara resulta que el dallonses aquell de la telenovel·la no és mort! –exclamava en Bartomeu Ficolnaspertotarreu.

—I mira què m'han dit, que la filla de la veïna del pastisser es va casar amb el germà de la mestressa de la botiga de la cantonada i no li'n van dir res a la seva amiga Fidelitat i que ara ni es parlen... Ostres, ostres –afegia l'Antonieta Mencantalsafareig.

—Ah, quin mal de cap! –es queixava la nostra estimada ombra.

I cada tarda igual, de les sis a dos quarts i mig de nou: que si patatim i que si patatam, que si gira i que si tomba, i xiu, xiu, xiu, i rialletes per sota el nas i mirades de reüll.

—I el noi dels Capalsnúvols? –va fer el Marcel·lí Llenguaverinosa–, que va perdre l'ombra i no hi ha manera de trobar-la? Tot venint els he vistos a l'Oficina d'Objectes Perduts per veure si algú l'havia trobada i l'hi havia duta. Quin cas, aquest Jaumet! I per cert, parlant de criatures, que ja sabeu que la Rosenda i en Maurici de cal fuster han tingut bessonada i que...

“Com, que en Jaumet encara em busca?”, va sorprendre’s l’ombra. I es va emocionar. I es va sentir una mica avergonyida per haver-se malfiat del nen.

Va arribar a l’Oficina d’Objectes Perduts esbufegant per la correguda des del passeig. Ni tan sols s’havia acomiadat del banc. I arrossegant els peus i amb un posat trist que feia encongir el cor, va veure el seu vell amic.

—Jaumet...

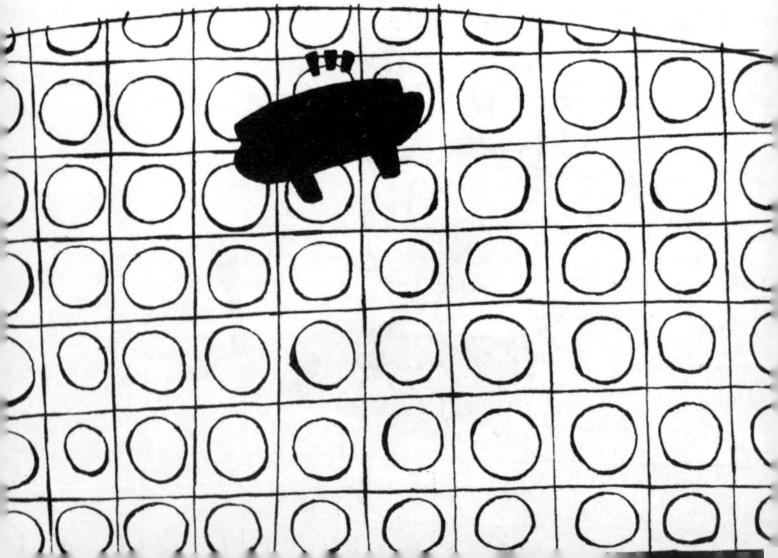

De sobte, com si l'hagués sentida, el nen es va girar.

—Mireu, és allà! L'he trobada! –va cridar en Jaumet, boig d'alegria.

—Que què, que tu m'has trobat a mi? –va pensar l'ombra–, bé, deixem-ho córrer...

—Hola! On has estat? –va fer en Jaumet tot plantant-s'hi al damunt. Però no va entendre la resposta, llarguíssima, de la seva ombra perquè, com ja sabem, no la podia sentir. –Apa, tornem a casa!

En Jaumet ja corria. I saltava. I s'enfilava dalt d'un banc. I feia zigazagues perseguint els coloms. I l'ombra, tota concentrada, un, dos, un, dos, peu esquerre, peu dret, peu esquerre, cul, mà dreta, peu dret... li seguia el pas com podia amb la llengua fora, començant a dubtar d'haver fet bé de tornar a treballar amb en Jaumet.

—Hola noia! Com anem? –va fer-li l'ombra del gos salsitxa de la fornera–. Feia temps que no et veia per aquí!

—Bé, mira ja ho veus... –es va girar l'ombra– aquí fent el bèstia amb aquest, amb aquest, amb aquest... però... on és? Ai no! Ja hi tornem a ser! L'he tornat a perdre!!!

ÍNDEX

COL·LECCIÓ CASALS-JOVE

A partir de 7 anys:

22. Paco Climent: **El gat Potau i l'ànec babau**
Il·lustracions d'Àngel Esteban

23. Elvira Menéndez: **En Pau i el seu elefant**
Il·lustracions de M. Luisa Torcida

27. Carmen Kurtz: **Bruc, gos eixerit**
Il·lustracions d'Odile Kurtz

30. Maria Aymerich: **Quins patins!**
Il·lustracions de Marta Balaguer

31. Fernando Lalana: **El papu està pioc**
Il·lustracions d'Estrella Fages

32. Fernando Almena: **El bandoler estripaboires**
Il·lustracions d'Estrella Fages

A partir de 9 anys:

1. Marta Cano: **Melcior Sadurní, senyor del Quenoià**
Il·lustracions de l'autora

2. Fernando Lalana: **El viatge d'en Trip-2**
Il·lustracions d'Estrella Fages
3a edició

3. Fernando Almena: **En Carquinyoli**
Il·lustracions d'Estrella Fages
2a edició

15. Ana María Fernández: **L'illa de plata**
Il·lustracions d'Ángel Tomás

17. Enriqueta Capellades: **Fa anys i panys**
Il·lustracions d'Eulàlia Sariola

20. Elena O'Callaghan i Duch: **No n'encertes ni una!**
Il·lustracions de Teresa Martí
2a edició

33. Josep Gòrriz: **Un gat ben difícil**
Il·lustracions de Teresa Martí

37. Olga Xirinacs: **La vaca xoriça** NOVETAT
Il·lustracions de Laia Soler

38. Lluís Farré: **Un parell de bogeries** NOVETAT
Il·lustracions de Lluís Farré i Stefanie Pfeil

39. Dolors Alibés: **L'ombra del nas** NOVETAT

A partir de 12 anys:

4. Josep Maria Folch i Torres: **Les aventures extraordinàries d'en Massagran**
Il·lustracions de Joan Junceda
4a edició

5. Josep Maria Folch i Torres: **En Bolavà, detectiu**
Il·lustracions de Joan Junceda
3a edició

6. Joaquim Carbó: **La calaixera dels contes**
Il·lustracions de Consol Xiberta
6a edició

7. Lluís Busquets i Grabulosa: **De Hyde Park a Plaça Catalunya**
Il·lustracions de Maragda Cuscuela

12. Joaquim Saura: **La invisible mà dels vents**
Il·lustracions de Joan Mundet

13. Enriqueta Capellades: **Traïció**
Il·lustracions de Carme Peris

16. Jaume Cela: **Un amor ben arrelat**
Il·lustracions de Carme Peris

21. Josep Gòrriz: **Sota el volcà lila** 3a edició
Il·lustracions de Lluís Farré

24. Maria Aymerich: **El secret de l'ordinador** 4a edició
Il·lustracions de Rosa Aragó

29. Alegria Julià: **De cop i volta**
Il·lustracions de M. Teresa Ramos

35. Joaquim Carbó: **El rei de la muntanya**
Il·lustracions de Lluís Cadafalch

A partir de 14 anys:

8. Josep Maria Folch i Torres: **Una vida**
Il·lustracions de Joan Mundet

9. Josep Maria Folch i Torres: **Lària**
Il·lustracions de Joan Mundet

10. Josep Maria Folch i Torres: **Vers la llum**
Il·lustracions de Joan Mundet

11. Josep Maria Folch i Torres: **L'ànima en camí**
Il·lustracions de Joan Mundet

14. Pere Calders: **El sabeu, aquell?**
Il·lustracions de Francesc Miñaro

18. Agustí Alcoberro: **Entre dos focs** 2a edició
Il·lustracions de Carme Peris

19. Sebastià Estradé: **A l'espai no hi volem guerra**
Il·lustracions d'Inés Luz González

25. Josep Gòrriz: **Final d'infart** 2a edició
Il·lustracions de Joma

26. Olga Xirinacs: **Vol de Dràcula**
Il·lustracions de Francesc Infante

28. Jesús Ballaz: **L'assassí de l'ombra**
Il·lustracions de Karin Schubert

34. Montserrat Beltran: **Al capdavall del soterrani**

36. Carme Roca: **Qui és el penjat?**